AF466520

LA POVPEE DE LOVDVN DEMASQVEE, où sa Prosopopee, ADRESSEE AV ROY, ET EXPLIQVEE.

M. DC. XX.

LETTRES DE CREANCE A MESSIEVRS LES Freres dispersez de l'assemblee de Loudun.

Oquitur pauper & dicunt quis est hic? En estes vous en peine, (Messieurs les jadis assemblez à Loudun) i. vous en veux releuer; le suis trop courtois pour vous faire reste de si peu, & ne suis pas si nourry à l'amour de voz louanges, ny si peu exercé és regles de mortification, que l'on ne me puisse voir, & contant & constant à ouyr & souffrir le bien ou le mal, le fauorable ou desfauorable jugement qu'il plairra à Messieurs vos P.P. Consistoriaux de rendre de mon ouurage, s'il vous peut plairre il est bien à vostre seruice, à pied & à cheual, & s'il ne vous peut plairre aussi, pourueu qu'il vous proffite ou à moy, il m'importe peu s'il vous pique, il se treuue peu de remedes bien doux au gré du malade; ceux qui vous flattent ne vous ayment pas plus que moy, vous iugerez mieux de la bonté du vin à la seconde fois que vous en tasterez, & tout à dessein i'ay couppé ceste responce à vostre Prosopopee en morceaux ou diuers cayers, affin que la longueur d'vn liure ne vous estonne, & que la briefueté & courtoisie du premier cayer vous donne de la curiosité de voir ceux qui doiuent suiure; ie ne vous en sçaurois bien dire le nombre à cause de la prodigieuse fecondité du sujet que vous me donnez par cette poupee, & la parfaite enuie que i'ay de la vous faire voir desmasquee, & deshabillee, & vous mettre sur les voyes de iuger à laise si ell' est noire ou blanche souz drap. Dieu vous y donne des beaux yeux pour en voir, & à moy bonne main pour y trauailler; comme i'ay vn beau nom & vn glorieux office, & encore que ie deusse taire & l'vn & l'autre, & me contenter d'estre connu de Dieu & des Anges, puis que l'on à autrefois reproché à des vains glorieux, que *vocauerunt nomina sua in terris suis*, toutesfois puis qu'il y va icy de la gloire de Dieu, & du salut de vos ames qu'il a aymees iusqu'à la mort, ie franchiray le sault, & vous diray ce que ie suis, & ce que ie fais, *monitor humanæ imbecillitatis appositus ad similitudinem triumphantium*, heraut deputé, sentinelle posee, crieur public & gagé, ceux qui me connoissent iureront que ie ne me donne que ce qui m'est d'eu, & que ie suis tel en verité pour vous dire haut ou bas de parole, ou de signe, comme vous le pourrez mieux agreer, *Quid gloriaris in malitia, qui potens es in iniquitate tota die iniustitiam cogitauit lingua tua, &c.*

Auec tout ce qui suit de ce Psalme, & qui reuient plus proprement à la pieté pretenduë de vostre assemblee, & à la gloire qu'elle s'est aquise à Loudun, que ce que le Page disoit à Philippe dans la foulle de ses triomphes, *memento te esse hominem* : Car quoy que l'vn & l'autre vous conuienent assés, & puisse seruir à vous faire voir que les marbres & les dures pierres d'endurcissement, que vostre presomption alloit charriant de tous les coings de la France iusques à Loudun, (qui estoit le champ d'honneur où vous deuiez liurer bataille à la verité, à l'imitation des Perses insolens,) pourroient rencontrer la main de quelque expert Phydias qui en esleueroit & dresseroit vn Colosse à vostre honte, vne statuë de la Deesse de vengence, qui les cornes à la teste, & le foüet à la main vous apprendroit, que qui vit sans crainte n'est pas exempt du foüet, & que qui va au combat sans quelqu' apprehension en retourne sans honneur. Ne tenez pas à peu c'est aduis parce qu'il est suranné, car les cayers sont comme les maladies qui viennent à cheual, & les responces comme la santé qui va à pied. Plus il faut vous auoüer que nous faisons en l'Eglise Romaine comme aux bonnes maisons où il y a multitude de domestiques, qui se refient & se reiettent les commandemens du Maistre de l'vn à l'autre. I'attendois quelque main serieuze & plus experte que la mienne, mais à faute d'vn' autre meilleure ie m'y suis attaché, *habita prius venia à sapientissimis Magistris*, & encore ay-je voulu proffiter la saison moderee à des employs plus serieux, me reseruant la veuë de vostre Poupee pendant les loisirs ausquels les chaleurs de la canicule nous obligent : ce n'est pas peu de ce qu'à la fin i'y ay voulu penser, prenez cela pour preuue de mon inclination Françoise & Chrestienne à vous seruir, & en attendant mieux croyez moy,

Vostre tres-zelé au salut de voz ames,

MONITOR.

LA POVPEE DE LOVDVN DEMASQVEE, où sa Prosopopee, addressee au ROY, & expliquee.

COuteau trenchant, forgé à Loudun, & qui se deuoit desgainer aux pieds du Roy, si sa Majesté se treuuant empeschee à des meilleurs & plus serieux affaires n'eust fait remercier le porteur de sa peine, & ne luy eust fait dire à la porte du Louure, *mitte gladium tuum in vaginam tuam*. O que vous faites bien, SIRE, de tenir de ses bonnes gardes aux portes de vostre logis Royal ; faites vous seruir pour vostre argent, & commandez SIRE, sur tout à ceux qui sont en cartier, qu'ils ayent l'œil plustost à la pointe & au trenchant du cousteau qu'à la garniture : car si la garniture paroit specieuse, la pointe en est dangereuse, l'atteinte venimeuse, *que serpit vt cancer*, SIRE, vous sçauez assés de Latin pour entendre cela ; car si la conseruation de vostre vie & de vostre personne, selon le corps, nous est importante : l'est aussi la vie de l'ame, comme Tres-

Chrestien. Ne vous mettez pas à tous les iours, Sire, & que vostre Majesté monstre d'auoir agreable, que pour ceste fois jadiouste à ma qualité de son tres-humble subjet celle de Heraut, & que parmy les triomphes de vostre gloire, ie vous ose dire par forme d'aduis, Sire, Ceux de l'assemblee de Loudun se souuiennent de vous, voyez en icy la preuue, par vne Prosopopee, où prou sotte pouppee, enjoliuee, attiffee, embeguinee & masquee. Mon Dieu la belle garniture de cousteau auec la gueyne de velours en argent, le O. mis deuant le E. & le R. deuant le A. Ceste poignee surdoree, damasquinee & emperlee, digne present d'vne assemblee si saincte par pretention, & le digne entretien d'vne de voz heures perduës. Vostre Majesté verra quelque chose de ioly, & quoy de plus specieux, que ce qui se presente de ce cousteau à l'abord.

Hommage feint ou reel de la Poupee de Loudun, parlant de loing au Roy,

VOZ tres-humbles, fidelles, & tres-obeissans sujets & seruiteurs, qui font profession de la liberté Chrestienne en voz Royaumes & souuerainetez, recomnoissans que Dieu vous a desparty de son Image pour leur estre Seigneur & Pere, portent rent à voz pieds les tres-humbles veux de leurs fidelles seruices, &c.

O la belle fille! pourueu quelle ne se descouure pas; Mon Dieu les beaux traicts de visage pendant qu'elle n'abbat point le masque, braue espousee de village dont la pauureté ne s'apperçoit le iour de la nopce: mais seulement le lendemain quant le presté & emprunté, est restitué Pouppee, à la Parisienne habillee à Chareton de retailles de soye, piece deçà, piece de là, assẽblees, qui ne couure qu'vn bouteau de paille, & quelques drilles fagottees: mais il y a assés d'art en l'ajancement pour amuser les bestes & les oyseaux; comme les peintures de Zeuxis Comedienne qui jouëroit bien son personnage sur vn theatre, & à vn besoing se feroit croire Susanne, aux moins rusez, quoy qu'elle n'ayt iamais atteint la probité de Raab, qui par sa pieté enuers les estrãgers peust affoiblir la mauuaise estime que sa vie impure luy auoit attiré. Qui ne la connoistroit, elle en conteroit de belles. Et messieurs nous sommes bien instruits par ceux qui ont mis le nez dans voz memoires secrets, que vous aymez deux maximes esgalement receuës parmy vous, qui sont, *nous ne croyons pas tout ce que nous disons, & ne disons pas tout ce que nous croyons.* Nous ne vous en oserions desdire, puis que vous nous voulez en ceste croyance. *Scienti & volenti non fit iniuria.* Mais cependant que vous vous tiendrez à ces franches maximes, vous ne nous pourrez pas

persuader que l'arche vaille mieux que le pauillon qui la couure, & les ouurages de l'art & de la nature ne vont pas de mesme biays ; la nature commence son ouurage par les choses du dedans, & l'art s'occupe tout au dehors, entendez moy & deuinez de qui ie parle, *pulchrum caput sed cerebrum non habet*, à peine seroit-ce de vous, puis que vous n'en voulez point souffrir, si ce n'est en vos Sinodes, que vous en faites vne sans aucune mouelle où ceruelle d'authorité : (Dieu te suscite vn Hercule, hydre d'heresie, aussi puissant à faire testes, comme l'autre a en desfaire.) Se dire tels, & viure tels, peuuent estre veuz, assemblez & separez, vous niluderez pas les yeux des simples, en vous publiant seruiteurs fidelles, vassaux & suiets tres-obeissans, si vous le dites & vous l'estes, si vous m'en croyez vous le serez, & puis vous le direz : car l'œuure authorise puissamment la parole, outre que vous nous forcerez à vous croire professeurs de la liberté Chrestienne aquise par Iesus Christ, *qui prius cœpit facere & docere.* Croyez qu'il y en a de bien deceuz, si vous en estes venus là, & que desia vous ayez atteint les cymes de ceste perfection, ne vous en prenez qu'a la rigidité des Historiens à escrire les choses comme elles sont, où aux mauuais memoires de leurs amys correspondans, qui peut-estre se sont mescontez, & ont de mauuaise foy narré vos sermens & complimens, & malicieusement teu vos obeissances & la fidelité de vos seruices; Si cela est, leur silence & eloquence sont esgalement reprochables & punissables : comment auez vous tant differé à en former pleintes affin que droit vous fust faict la dessus, & que par conclusion des Procureurs generaux & Arrests des Parlements, tels liures demeurassent supprimez, ou consumez au feu par la main d'vn bourreau, & les Autheurs amandez. Il faut que vostre Conseil vous ayt donné aduis de vous en taire, creinte qu'Aduocat ne fust permis à la deffence de tels liures, & qui fist voir par le deduit des choses passees despuis soixante ans, que les Autheurs & les liures peuuent estre, & accusez, & conuaincus d'en auoir plus laissé au bout de la plume que mis sur le papier, ou par regle de modestie & complaisance, ou par amour de brieueté, & que parties ouyes, il ne fust ordonné que la premiere feuille de tels liures seroit reformee, & adiousté *dum breuis esse volo obscurus fio*, Ie ne sçay qui vous conseille, mais il ne l'entend pas mal: car de deux maux il faut se tenir au moindre.

Protestation d'hommage veritable ou non veritable, de la Poupee de Loudun a Iesus Christ.

Vous passez de ce que vous voulez que l'on vous croye d'estre au Roy temporel, a ce que vous pretendez d'estre au Roy Eternel, Professeurs de la liberté Chrestienne, le Roy n'eust pas esté marry quant vous eussiez fait preceder la Royauté de Iesus Christ à la sienne, qu'il aduoüe par ses lettres dependante de sa grace : mais il se doit d'abondant offencer de ce que contre l'ordre prescrit par les Edits, vous vous attribuez sans front des qualitez insolentes, iniurieuses à tous les Catholiques du Royaume, & à sa mesme personne que vous offencez par le titre de Professeur de l'esclauage de Sathan: en mesme tẽps que vous presumez auec celuy de Professeurs de la liberté Chrestienne, c'est aller demander la grace au Prince le poignard à la main. Liberté heretique, que ie croy tienne, mais nullemẽt Chrestienne, Venerienne plustost, veu que Iesus Christ en son aduenemẽt n'en a point aquis à la chair, apres laquelle vous courez esperduement : vos fuites des Cloistres & des exercices de l'esprit, vos mespris de la chasteté & virginité, vos discours en faueur de l'incontinence qui sentent le bordel, plus propres aux negotiations d'vne vieille & rusee maquerelle que de la bouche d'vne Dame Chrestienne, plus sortables d'vn corrompu mondain que d'vn homme, soy disant ministre de la parole de Dieu : cela auec cent autres choses qui escartent au loing vos ames impures de Iesus Christ, vous ietteront de la honte aux yeux, & vous forceroient (si vous auiez quelque modestie) d'estre contens du titre de professeurs de la Religion pretendue reformee, dans lequel la tolerance & la clemence du Prince vous souffrent. N'est-ce pas trop de vous souffrir auec ces touttes sottes pretentions, & vous sçauoir si certainement aux poursuites du contraire. Reformation? & pourquoy? pour auoir changé la penitence en dissolution : l'obseruation de ce que Dieu commande en impossibilité pretendue, le cloistre & le veu en liberté, la chasteté en vne sacrilege paillardise, & infinies autres metamorphoses plus fabuleuses & plus indignes d'vn bon sens, que ce que les Poëtes ont iamais voulu feindre, & dont la suite ne peut estre appreuuee que par des ames noires, & que la passion & la chair ont horriblemẽt aueuglez; mauuais Apoticaires, *quos ferunt aliud in titulo habere, aliud in pixide continere.*

La Pouppee de Loudun en deuotion aux pieds de l'Image de Dieu.

N*Ous reconnoissons que Dieu vous a desparty de son Image pour nous estre Seigneur, Roy, & Pere:* Auiez vous peur de trop dire, où de parler trop proprement, en disant, & auoüant, que les Roys sont les viues Images de Dieu, sans dire que Dieu a desparty au nostre de son Image? c'est que peut-estre vous voulez assuiettit Dieu au predicament de la quantité, & faire son Image diuisible pour en despartir piece deçà, piece delà : mais changeons de discours, comment ferons nous rencontrer en vn mesme Roy l'esclauage de Sathan & l'Image de Dieu, sans y remarquer l'irreuerence de celuy qui parle ? c'est estre dehors & dedans, ou tous les deux ensemble, & nourry au grein & à l'eau de la cage de ce complaisant Romain, qui auoit exercé son oyseau à crier, *salue victor Cæsar, salue victor Antoni*, affin qu'il fust prest pour faire la bien-venue à celuy auquel l'honneur de la victoire demeureroit : Et où en à on veu qui fussent instruicts à loüer & à iniurier en mesme temps, comme ceux qui sont esleuez de vostre main, qui ne meritent rien parmy vous s'ils ne sont capables de donner de l'employ au marforio de Rome, tant vous estes sanglants à piquer sans discretion de personnes, les sujets y doiuent estre faits & acoustumez, puis que les Roys n'y sont pas espargnez, & qu'en vos protestations d'honneur vous n'y pouuez pas rendre voz summissions si pures, que vous ne iettiez quelque crachat au nez des mesmes Majestez.

Faites sonner les cloches Marguilliers de Paris, assemblez vous peuples, & venez voir les deputez de l'assemblee de Loudun, au nom de tous les huguenots de France à genoux deuant l'image de Dieu, leurs veux à ses pieds : Quelles gens estes vous qui detestez si fort les

Images, qui les brisez de rage, les desfigurez, tronçonnez, & puis vous les adorez. Interrogez quel peché peut-estre celuy du communiant sans preparatiue, qui peut attirer sur sa teste le iugement de Dieu & le rendre coulpable auec les Iuifs de ce qu'ils souffrit au corps en mourant, vous respondez plaisamment que comme l'irreuerence faite contre l'image du Prince est censée, crime de leze Majesté, & comme telle punie, ainsi que si c'estoit la personne du Prince que comme Theodose vengea l'iniure faite à l'image de sa femme sur les atentateurs, qu'ainsi l'indignité du communiant tient Iesus Christ offencé, encore que ce ne soit pas contre son corps, qui ny est pas selon vous: c'est assés ce dites vous que celà hurte & offense son Image. Vostre Theologie doit auoir le nez de cire, & sa regle faite de plomb, car vous la tournez à tout vent, vous rompez les Images, vous les adorez, & puis vous faites vn sacrilege de les approcher. Courage Catholiques François, l'assemblée de Loudun a condamné Caluin, & rayé l'article du Catechisme qui fait en detestation des Images: les voila aux pieds de l'Image de Dieu, eux qui nous taxoient d'idolatrie à cause de nos honneurs aux Images, gens enyurez du vin & de la couppe de la paillarde: ô qu'ils les ayment quant elles sont d'or, d'argent, de chair, de ces Images parlantes, riantes, que s'ils ont retirées des Eglises les vnes, les autres des cloistres, ce n'est pas d'hayne qu'ils leur euſſent, mais ſeulement pour les auoir plus proches, & pour en faire des dieux domeſtiques, du logis & du foyer. Et puis ils n'ayment pas les Images ſi eſleuees, ils ayment mieux auoir les pieds ſur les teſtes des Images, que les pieds des Images ſur leurs teſtes, ils en ont rendu les preuues par l'enleuement de celles de nos Egliſes en attendant la reſolution de l'aſſemblee de Loudun, de ce qui ſeroit à faire, des autres. En fin ils ayment bien les Images de Dieu, mais humiliees, mais miſes à leur deuotion, & i'ay pris garde eſtant au preſche, que par mal heur i'ay frequenté deux ou trois Ans, qu'ils faiſoient fort mauuaiſe mine quant il falloit entonner ce verſet du Pſalm.

Impoſuiſti homines ſuper capita noſtra.

Et les femmes ſur tout, mais celuy qui ſuit rompoit ſoudain le cours de leurs triſteſſe, *Tranſiuimus per ignem & aquã, & reduxiſti non in refrigererium.* Sur l'eſperãce qu'ils ſe donnent que leur attẽdu l'antichriſt leur aquerra auec les threſors de la terre la poſſeſſion paiſible, poſſeſſion de toutes les Images, & que les meſmes Roys qui ſont auoüez par eux les Images de Dieu, humilieront leurs ſceptres ſoyz les grandeurs de ceſt homme de peché, & qu'alors ceſſeront tous les honneurs rendus & à rendre aux Images pour maintenant; & iuſqu'à ce qu'autrement en ſoit dit, il faut rendre à Cœſar ce que la qualité de Cœſar demande de voz deuoirs Catholiques & huguenots: ſoit de bon où de volee, ſi faut-il

mettre

mettre le genouil deuant les Images, parler auec honneur à l'Image de Dieu, comme vous faites aussi Messieurs, où vostre Poupee pour vous, sinon de cœur au moins de corps. 137

Suplique de ceux de l'assemblee de Loudun, comment fondee en Iustice.

SVplient tres-humblement vostre Majesté de se vouloir souuenir, que comme Dieu appelle Iustice l'effet de ses promesses, qu'ainsi veritablement peuuent-ils appeller les vostres, puis qu'il vous a pleu les affermir par voz Edits publiez pour le bien de Paix & repos de voz sujets.

Messieurs, vous ne pouuez mieux, ny plus Catholiquement, ny plus raisonnablement parler, le Concile de Trente ne sçauroit mieux dire, *& S. Aug. serm.* 16. *de verbis Apostoli*, ne dit-il pas comme vous, parlant à Dieu, *debes mihi quia promisisti mihi.* Sainct Bernard *l. de gratia & libero arbitrio promissum ex misericordia, sed tamen ex Iustitia persoluendum.* Payez SIRE, vous deuez à Messieurs de l'assemblee de Loudun, puis que vous auez donné vostre promesse; ce qu'ils demandent est de Iustice, pour moy qui n'entend pas bien le train des formalitez qui s'y obseruent, & qu'il va icy de l'interest de vostre Majesté, que l'on vous veut condamner de grād prometteur, & de mauuais payeur. Ie lairray ceste cause à plaider, & ceste responce à faire à la suffisance de Monseigneur le Chancelier.

Monseigneur le Chancelier parle.

Les mains de noz Roys, à l'imitation de celles de Dieu, (pour estre ses viues Images dans la terre, comme vous l'auoüez) se treuuent longues, autant pour rendre les effets de leurs promesses, que pour tirer vengeance du mespris fait à leurs loix & à leurs personnes: l'estenduë de leurs bras passe esgalement à l'execution de l'vn & de l'autre, nul ne se peut pleindre de ne sentir les effets de leurs promesses qu'il n'en treuue la cause en son propre manquement, s'il la veut chercher; leurs Edits ont vne double relation, l'vne à la Iustice du Prince pour donner & proteger, l'autre au deuoir du vassal pour meriter & obeyr le manquement de ce que doit le sujet, tire apres soy suspension de ce qu'il deuoit attendre de la liberalité de son Souuerain: leurs effets de leurs promesses sont de Iustice, pour ceux qui se rendent soigneux obseruateurs des conditions qui les accompagnent: Ils sont en cela les Images de Dieu, puis que comme sa diuine Majesté promet son Royaume, souz conditions obseruables és choses qu'il commande, & que nul n'est admis à l'effet de la promesse, que celuy qui aura trauaillé à l'obseruation des conditions posées: que de mesmes les Majestez temporelles ne doyuent pas estre taxez, ny censez peu amatrices de Iustice, ny peu obseruatrices de leurs promesses, si elles sont veuës les mains ferrees enuers les nonchalans obferuateurs de ce quelles ordonnent. La Iuftice du fujet fe prent autant en fon œuure, qu'en la promeffe du Prince : vous feriez hors de peine (auec les voftres Meffieurs les deputez) fi vous pouuiez nous faire croire mefme de l'impoffibilité, à ce que les Roys & leurs Edits commandent comme vous en pretendez és commandemens des contenus és deux tables efcrites du doigt de Dieu, alors noz Roys cefferoient à faire des nouueaux Edits, fufpendroient ceux qui font defia faits, pour ne fe voir def-obeis à tout bout de champ taxez d'imprudence: N'opiniaftrez pas la pointe de cefte pretēdue Iuftice, parce que vous obligeriez la clemēce du Prince à fe tirer du cofté de la rigueur, & à informer pleinement des conditions par vous plus ou moins, ou du tout point obferuees : voz manquemens remarquez en ce cas, voz remonftrances tolerees fe verroient cenfurees comme defraifonnables, & repouffees comme trop hardies.

Et puis Meffieurs, quant eft-ce que le Roy a manqué à fe tenir à la iufte lettre de fes promeffes, aux chofes de voftre protection & de voftre fatisfaction : (fi au moins vous eftes capables d'en prendre.) Au contraire, s'il falloit treuuer de l'excés, il le faudroit cercher dans fa clemence toutte indulgente, dans fa facilité à incliner à voz importunes demandes; quant auez vous eftez hurtez & non vengez ? quant oppressez & non pleins? quand offencez & non receuz à voz griefs?ou pretendus,ou reels? à on iamais manqué à accourir au plus petit bruit de voz clameurs? cent preuues de ceste verité, I'en vays dire vne bien connuë, bien proche de nostre temps & de nostre voisinage, celle de la honteuse fuite, & de la braue saillie d'vn de voz Consistoires du Dauphiné pendant le siege de Priuas, causee par vne feinte alarme & vne apprehension reelle où nous mais qui pour auoir laissé sujet de grand trouble dans vne Prouince, composez de peuples meslez en fait de Religion, deuoit seruir d'exemple à l'aduenir, & cependant les Seigneurs,Presidens & Conseillers deputez Commissaires, bien instruits de l'intention du Roy vous accueillent, & auec des bras de Peres à vostre retour ils voulurent se contenter de la peine que ces hardis Cesars auoient portez par les railleries de leurs voisins, impreuuans en sousriant ceste gentille escapade, qui pendant vn temps a seruy d'entretien aux femmes du voisinage pour passer la soiree auec moins d'ennuy, au lieu de fables où de chansons. Abordez plustost les pieds du Prince auec vn esprit reconnoissant, & apprenez que noz Roys sont des dieux, puis que comme dieux ils portent des souliers,où des pieds de laine,& qu'ils procedent à vostre correction comme auec regret, & vous tousiours auec rigueur.

Et en conscience Messieurs, auez vous iamais

laissé passer vne mouche que vous n'ayez crié à l'Elephant, & combien de fois a on veu voz biles eschauffees, voz ardeurs de foye enflamees, voz coleres enflees comme vne mer courroucee, ne la-on pas supporté, ne la-on pas dissimulé, si vous estes brebis du petit troupeau, cōment brebis, tousiours aux clameurs, tousiours aux aigreurs, tousiours aux pleintes, tousiours sur la deffésiue au moindre souris que voz imaginations apprehēdent en songe, au plus petit Taon qui vous pique: Et où ceste patience Euangelique qui vous doit mettre en possession de voz ames, ce Pasteur du troupeau, duquel vous vous contez sans l'hoste, nourrit des brebis patientes qui souffrent en silence, & non des loups tousiours aux hurlemens pour attirer des compagnons & complices. Le Pasteur ne se charge pas du soing de telles bestes mesmes les voyant dans la fosse: il ne se met pas en peine de les en retirer, s'asseurant que ce bien-fait ne rabbatroit riē de leur naturelle cruauté, il s'en rit au contraire, il en mene feste, il en danse de joye sur le bord du precipice, en vn mot la main secourable du berger manque au loups, *quia non lupos sed oues pascit*, que craignez vous, si la qualité de brebis vous est aussi certainement acquise qu'à celuy qui l'estant fut cōme tel traisné à la mort, receut comme tel dans sa gorge incoulpable le cousteau sans crier. Et que nous Roy & subjets soyons les loups: l'on vous verra tousiours victorieux sur nous, l'on verra mille loups gaigner pays & fuyr deuant vne brebis, *quamdiu oues fuerimus vincimus, etiam si mille circumstent lupi, superamus & victores sumus, quod si lupi fuerimus vincimur*, voila le refrin de la balade: Si l'on vous voit tousiours la gueule beate preste aux clameurs, aux hurlemens, au carnage, vostre procés est fait & instruit, il en faut tomber des despens, vous voila loups recognus, voz villes d'ostage ne vous sçauroient tenir en asseurance, voz intelligences en Allemagne & en Angleterre ne vous sçauroient aquerir ce que Dieu ne vous veut pas donner, vous pourrez faire quelques courses, eschapper dans le bercail au despens de quelque ame esgaree, esuentee: mais il faudra battre promptement la retraitte, *nouum belli genus & insolitus præliandi mos cum nudos mittit vna indutos tunica sine calceis absque virga, & absque zona & pera*, qui armeroit de pied en cap, en ceste forme voz Ministres, ils quitteroient bien tost le dé, & s'excuseroient aussi honnestement de ceste descharge que Dauid de la charge des armes de Saül. Ils sont trop honteux & honnestes gens pour se resoudre à la nudité, ils craignent trop les rigueurs de l'hyuer pour se passer auec vne simple tunique, & auec la robe d'vn pauure, & sçauent aussi combien la plante du pied touchant la terre nuë est fatale, & nuit aux effetz de la multiplication qu'ils ayment, qu'ils deffendent à cor & à cry; & combien elle sert puissamment à moderer les ardeurs amoureuses &

 140

voluptueuses, de la possession desquelles ils n'ont pas dessein de se dessaisir, non plus que de la ceinture & de l'or qui s'y reserue, qui doit seruir à l'entretien de la famille : posé que toutes ces conditions de brebis vous manquent, au moins ne deuriez vous pas estre veuz desgarnis de la plus recommandee, *mansuetudinem ouium ostendite quamuis ad lupos ituri nec simpliciter ad lupos, sed etiam in medio luporum sic enim virtutem meam maximè ostendam cum ab ouibus lupi superabuntur.* Car si ceste cōdition de benignité vous manque apres toutes les autres, voyla dequoy vous recognoistrez loups, que la rage & l'inclination au carnage ont ietté dans le troupeau : Et dequoy aussi croire que nous sommes les brebis, & qu'à la fin vostre honte sera nostre victoire. Quoy ? charlatans qui amusez les passans, qui entretenez l'hoste à l'abord de belles esperances, *dimandata Signore*, bonne chambre, bon lict, meilleure table, & puis du vent, tout y manque : Heresie & charlatanerie mesme chose, brebis du troupeau esleu, qualitez & marques de brebis en gros, rien n'y manque ; mais en destail, où la laine que vous rendez comme brebis ? où la nudité ? où l'vnion des brebis qui viuent en communauté en vostre vnion en la croyance? où chascun a sa foy a part? où l'vnion auec le troupeau l'Eglise ? & auec le Berger son Chef? mais où en fin la douce humeur à souffrir & à taire, la souffrance à se contenter que Dieu le voye, que ses yeux & ceux des Anges en tesmoignent. Mais se plaindre sans sujet, sans fondement, quereler sa patrie, pointiller son Roy, appellez du tribunal de sa clemence à celuy de sa Iustice, & vouloir que le battu paye l'amende, & au lieu de restituer, demander que les termes expirez pour la remise des villes d'ostage l'on se mutine pour en obtenir de nouuelles; Et si les brebis parloient & sçauoient auec raison proceder à leur deffence, feroient elles celà ? & si les loups pouuoient ratiociner, & faire la guerre feroient-ils pis ? En deux mots Messieurs les deputez, trauaillez, & vous mangerez, obeïssez & vous serez protegez, meritez & vous receurez.

Le sang des Peres de ceux de l'assemblee de Loudun martyrisez, leur merite & commemoration.

VOus en alleguez des merites, mais des empruntez, quant d'vn accent pleintif, le cœur tout gros du mal de l'Estat present, vous dites que *voz Peres ayans arrosé de leur sang les Lauriers de Henry le grand de tres glorieuse memoire, ils ne peuuent que souspirer de ce qu'il leur faut encore auiourd'huy arroser de leurs larmes ceux de Louys le Iuste, gemissans en l'attente des fruicts qu'ils deuoient recueillir de la Paix.* Vous estes si accoustumez aux vertus empruntees, & aux merites d'autruy, si certains de la nullité des propres

propres personnelles, que vous ne les osez alleguer & mettre en conte, & vous faites sagement, puis quelles sont deuant Dieu & deuant les hommes, selon vostre croyance & la nostre, *sicut pannus menstruate*, n'expliquez pas ce Latin à voz femmes; car elles vous reprocheroient que tout le mal n'est pas de leur costé: ne prent pas tout le mal que le deuant des vostres en a sa bonne part.

C'à, aux vertus & au sang de voz Peres; despuis que celuy des enfans est aux yeux, & que toute leur Iustice est imputatiue: à ce sang, ce genereux sang, qui a honoré quatres champs de bataille, qui a rendu si celebre le 25. iour du mois d'Aoust, & a si fort amplifié la memoire de S. Barthelemy, le iour duquel vostre Prosopopee fait commemoration, affin qu'il intercede pour ses braues martyrs qui ne sont pas encore coriuez, mais sont *in atrio*, comme dit Caluin, sur le paruis deuant la porte en attendant que l'on ouure, où que l'on leur dise *nescio vos*, genereux sang des Peres qui a peu teindre en vermillon les lauriers de Henry le graud, & à tout plein adjousté aux graces de ces Lys, digne ambition d'vn tel sang, & sortable abbaissement de tels lauriers: Ce sang de voz Peres deuoit estre d'vne nature Ignee où Aërienne, puis qu'il monte si haut & qu'il doit tenir souz soy des lauriers si verdoyans de gloire, que celuy des enfans nous doit estre cher & sa conseruation bien recommandee, quant ce ne seroit que pour honorer la memoire de celuy des peres ne le faut pas mettre à tous les iours, ne souffrir que l'on en dise mal, il le faut garder pour les plus grands besoings de l'Estat, de peur que nous ne soyons & menassez, & recerchez, s'il se perdoit par peu de soing, *sanguinem eius de manu tua requiram.*

Mais vous estes si bons, qu'attendant l'occasion de donner du sang du corps, vous faictes liberalité de celuy du cœur par voz larmes versees sur les lauriers de Louys le Iuste, & nostre France deuoit estre vne terre seiche, qui auoit besoing d'vne bonne nuee comme celle de vostre assemblee, qui de l'abondance de ses pluyes arrosast des les plus hautes cymes de l'arbre de c'est Estat, iusques aux plus profondes racines qui l'entretiennent en vie. Si elles nous pouuoient causer douze saisons l'annee, comme ces mysterieuses ames qui mouillioient les racines de ce miraculeux de l'Apocalypse, les reuenus du Roy se multiplieroient, ses coffres se rempliroient, les peuples se tireroient de la misere à laise. Roys & sujets, les villes & les campagnes vous reconnoistront comme des Iustes enuoyez de Dieu pour leur bien, & à peine se pourroit-ils empescher d'aller faire le matin à voz portes ce que faisoit le paysan chez Menander au coing de ses champs, & dire comme luy, *Id quod me nutrit deum meum iudico?* Les asseurãs ils se cottiseroiẽt, & les pensiõs des ministres les mettre à douze cens liures, & nous vous ferions eriger des Temples à noz despens, aussi beaux que ceux que vous nous auez ruïnez.

Lauriers de Louys, plantes mortes sans vie, sans espoir d'accroissement, ny de fruit qui ne pouuez reuiure, si vous n'estes arrousez par les larmes des huguenots assemblez à Loudun, comme ceux d'Henry par le sang espandu de leurs Peres : Maison de Bourbon, terre seiche sterile, qui ne peust deuenir feconde que par les benedictions de messieurs les pretendus Euesques qui y president : France auec tant de belles Prouinces que tu assujetti à la Majesté de ces Lys, tout celà, montagnes de Gelboe maudites pour auoir receu le sang des forts d'Israël. Si le Ciel de ceste assemblee ne iette ses yeux larmoyans sur nous, pleurez bien Messieurs, pleurez tant que vous en perdiez tous les yeux, affin que d'vn cœur tout contant nous disions apres S. Greg. à la loüange de telles larmes, *O fœlix diluuium, ô fœlices lachrymas*, mesmes si par la perte de la veuë du corps, celle de l'ame vous demeure restituee : assurément que les bons & charitables Catholiques vous aurons pourueuz de bonnes guides, & que chasque deputé auroit eu à son costé vn Catholique pour le remener sain & sauf en sa maison, vous le meriteriez bien apres auoir changé la malediction de mere France en benediction, de la secheresse en fœcondité de la mort de noz plantes Royalles en vie. O ! que nous dirions bien gayement à l'enterrement de ces dignes yeux, au lieu du libera me, *O fœlices oculos qui galliam nostram imo depressam atque infixam tartaro in sublime cœlum eleuant.* Il ne tiendra qu'à vous, que nous, ne vous, ne soyez noz confrefacteurs, & nous voz obligez. Il ne faut que verser les pluyes de voz larmes à perte de veüe, & asseurémẽt il si leuera de beau bled, si vous ne le voyez vous le sçaurez.

O! que nous porterions les yeux haut pour admirer le Ciel bening de vostre assemblee, tout Eclypsé pour le bien de la France, tant de beaux yeux comme Celestes flambeaux, cõme Estoilles abbatuës destachees de leur Ciel : non pas pour presager la fin & la ruïne du monde, mais la restauration de nostre bon-heur, & la riante prosperité de nostre Monarchie.

Que pourrons nous faire? s'entrediroient alors tous les bons François voz obligez, qui puisse approcher le merite de ces bons Anges de Paix? de ces medecins Celestes qui ont dõné leurs yeux pour le salut de la patrie, pour la vie de leur Roy, pour la cõseruation de son sang? qui nous ont preserué de la gueule & des pretentiõs de ce gros poissõ d'Angleterre, qui nous ont fait auoir la fille de ce puissant gabellus d'Espagne; nous ont accroché la puissance de ce grand diable d'ambition, qui tuoit les sept Manys qui ne nous ont pas encore fait recouurer l'argent que l'on nous doit pardelà : mais qui nous font esperer qu'il ny aura rien de perdu; Et certes vous auriez plus fait pour nous que Raphael pour Tobie, veu qu'il ne luy rẽdit la veuë qu'aauec du fiel de poiſſon, & vous nous l'auriez reſtituee perdue, aux deſpens de la voſtre propre.

Sire, en ce cas il leur faudroit continuer les Villes de preſide pour le tẽps & terme ordonné par les Iuges aux plus ſceleratz condamnez à la galere, qui eſt de cẽt & vn an, voire leur en adjouſter de nouuelles, où leur en faire auoir l'eſperance; Meſmes pour plus ample teſmoignage de voſtre bien-veillance leur entretenir de bonnes & fortes garniſons à voz deſpens, Capitaines & Soldats, tous qui euſſent bon pied & bon œil pour les ſoulager, & les deſcharger du ſoing de la garde, & des yeux perdus pour vne ſi bonne cauſe pourroient bien meriter vn tel ſoulagement.

Il faudroit auſſi, les tirer de la peine d'aller cercher leur ſalut au loing, les deſcharger de l'ennuy que leur cauſe la pauureté d'vn couuert plus propre à loger beſtes que gens, & à c'eſt effet partager auec eux comme bons freres par eſgalle moitié les Egliſes qui nous reſtẽt de l'embraſement, que leur charité reformee a allumé, & leur malice premeditee & obſtinee attiſé.

Que ce qui ſe treuueroit & d'argẽterie, & de plus pretieux dans les treſoreries de noz Egliſes, reſtant de leurs ſacrileges attentats du paſſé, que l'on leur en fiſt part, en la forme que Tarpeya receut les braſſelets des Sabins qu'elle auoit demandé pour remettre le Capitole à leur mercy.

At super mensam manibus detrecta puellam,
Armillas ferunt miseram pressit acerba dies.

Et comment, ne leur deuons nous pas bien celà, despuis qu'apres le sang Royal, Louys le Iuste ne vit pour nostre bon heur que par le sang de leurs Peres, & que l'humide radical & l'huile entretenu, la sacree lampe de la chere & necessaire vie de nostre Prince ne subsiste que par l'humide de leurs larmes.

Vous m'aymerez plus que ie ne veux, & croiriez de moy plus que ie ne puis souffrir: si ie vous laissois en opinion que i'eusse bien toutte celle du merite de voz l'armes & du sang de voz Peres, que marque l'escorce de ma lettre, ains ie vous raille: car tel sang & telles l'armes ne peuuent meriter de seruir à vn si haut vsage. De tels lauriers ne doiuent pas estre sallis d'vne si noire & bilieuse aspersion necessaire, il faut cercher les causes de ceste seignee autre part, l'on en remarque deux pour le bien du corps, l'abondance & la corruption en la masse du sang; La France a en Dieu vn bon Medecin, qui la sçait guerir par les voyes les plus propres à sa santé; la seignee de quatre batailles n'a peu estre necessaire que pour l'vne de ces causes, où touttes deux, n'euit esté que vostre sang corrompu par les persuasions des libertins, & les menees des malcontens, fait pressentir la necessité de sa sortie, & sur l'excés sur-abondant à paru de voz poursuites à la ruïne de l'Estat, en voz leuees de gens, sans l'attache du Prince de vos armees ſur pied ſans commandemens, excés trop congnu au port de voz eſpees menaſſantes & trenchantes comme lancettes de mauuais Cyrurgiens, portans leurs pointes au corps & au cœur du Royaume. Sang & ſens corrompu, où l'on a veu abonder l'excrement d'auarice, nager les ſeroſitez de voluptueuſes paſſions, les bouillons d'ire, pire ſang que celuy dont l'aſperſion fait mourir les plantes, ſi ce n'eſt quelle ſurpaſſe en malignité, & que comme le venin du Baſilicq' il rompe la pierre tumbant deſſus, plus exquis à ſe faire paſſage à la ruïne que le ſel & le vinaigre d'Annibal que luy eſtarpoient les montagnes, & luy preparoient des grands chemins dans les lieux les plus inacceſſibles. Sang de voz Peres puiſſant au mal, iuſques à l'extremité, que nous diſons, & loué ſoit Dieu qui a l'œil à la conſeruation de c'eſt Eſtat, & qui n'a pas permis que ce venin qui a infecté quelqu'vne des parties, ſoit monté iuſques au chef, & que la Majeſté de noz Lauriers ayt eſtez arroſee d'vne ſi abominable aſperſion, qui de ſon ſeul approchement fait ſeicher les plantes les plus verdoyantes, comme le Baſiliq' de ſon ſifflement: que verrions nous apres ce que nous auons veu; l'on pourroit bien dire en pleignant, des pieces de l'Eſtat & de l'Egliſe Gallicane, *lapides ſancti voluuntur in terram.* Celà ne peut eſtre vn article de Foy Chreſtienne qu'oblige en conſcience, que les Lauriers d'Henry le grand prennent leur gloire & leur verdeur du ſang de voz Peres:

mais s'en est vn de foy Morale, que vostre sang bouillant de colere, & vostre sens corrumpu d'erreur a peu arrester où differer le cours de l'obeissance de ses peuples, leur hommage au merite de son sang Royal & de ses propres vertus, ainsi que les eauës du Nil sont empeschees de se descharger dans la mer par des montagnes de sable, qui occupent l'embouchure: rien, rien, que la baue de ce sang, & de ce sens corrompu ne luy à attiré la hayne, le mespris de ses peuples, pendant qu'il s'y tient, qu'il s'y resie, tout luy court sus, fait-il mine de s'en retirer ? voyla la France à son deuoir aux summissions, aux hommages, luy fait feste, l'on ne voit que feux de joye allumez: c'est à qui mieux mieux tesmoignera le sentiment de la joye conceuë, les Prouinces comme montagnes de neges se fondent à la veuë de ce Soleil, les villes aussi, les flots d'vn torrent impetueux s'entrepoussans, courent à leur deuoir à perte de veuë, content qui le peut voir, heureux qui le peut approcher, glorieux qui luy peut embrasser la cuisse, luy baiser le genouil, qui l'a abordé ne le peut quitter pour faire place à celuy qui le suit, les yeux de tous, fichez sur luy pour l'admirer, ne peuuent s'empescher de rendre des larmes de joye pendant que le cœur leur rit, tout au leué de ce Soleil le nuage d'erreur dissipe l'air, retentit au bruit des festes & des chansons communes, l'on voyt son chef tout glorieux rayonnant sa Coronne brillante de diamants de prix, plus celle

celle de l'assemblee de ses Princes & des plus grands de son Estat, comme belles Estoilles veuës fichees au firmamẽt aux plus belles heures d'vne claire nuit.

En fin le vray sens de l'escriture exposee à la Catholique à auancé plus à la gloire de ses Lauriers en vne heure, que celuy de l'erreur opiniastré en plusieurs annees; Et le Canon de la Messe luy a plus ouuert de portes, abbatu de murailles, assuietti de Prouinces, humilié de peuples, que celuy de voz arsenacs pendant qu'il s'y est refié, & le sang de vostre croyance vuidé de son cœur: Ses Lauriers ont paru plus verdoyãs que par celuy que vous auez donné en quatre batailles, & en plus de cent rencontres. Sang perdu par l'inconsideration de ceux qui l'ont mal donné, sang François qui n'as serui à la France, & à l'auancement des grandeurs d'Henry le grand, & à la possession de ses Lys que comme les abondantes pluyes pendant la cueillette, qui ne font que retarder la saison. Que ie te pleins, Hà sang! que ta perte me touche, plus que la plainte sans sentiment de l'harangueur de ceste prou sotte pouppee, qui fait bien de t'apporter l'honneur du sang aux Peres de ceux qui l'ont deputé: car ie ne me trompe où ceux dont il est venu ne si treuuerent pas, le vœu de la solitude les tenãt pour lors ocupez dans le cloistre.

Quant à voz larmes protestees, desquelles vous preparez vn reseruoir pour donner l'eauë aux lauriers de Louys le Iuste, feintes ou reelles,

(+) de mine ou d'effet, de bon ou de volee (ou si vous voulez telles que ie les pense) l'Eglise & la France en corps, ou en particulier vous en remercie, & vous exhorte de les reseruer à vne autre occasion,& cõseruer voz yeux pour pleurer les malheurs ou vous viuez,& ou vous nous auriez attirez, si Dieu n'eust abbaissé l'œil de sa pitié sur nous : de si feintes & froides larmes que les vostres ne sçauroient donner vigueur à des si pretieuses plantes,les fruits de la Paix que nous recueillons ne croissent pas dans la terre de vostre Egypte,l'arbre qui les porte ne mouille point ses racines dans les eaues bourbeuses du Nil, il prend sa vie d'vne plus digne cause; le Ciel qui la planté dans nostre terre se charge de son arrosement & de son accroissement, elle n'attend sa prosperité que de ses pluyes, celles de voz larmes ne peuuent que charger ses rameaux, affoiblir la vigueur de la verdeur de ses feuilles causer de la pourriture à ses fruits. Dieu nous garde de ces mauuaises broüees, où nous donne en mesme temps vn beau Soleil, affin que si tost esleuees, si tost dissipees, à ce que nous n'en ayons que la peur. Louys le Iuste treuuera fort bon que ie vous coniure en son nom de ne vous pas tant desoler, & que ie vous dise comme Iesus-Christ aux filles de Ierusalem *nolite flere super me sed super vos ipsos flete.* Vous auez prou besoin de voz pieces, & vous n'auez pas des larmes que ce qu'il vous en faut pour pleurer voz pechez;mesmes ceux que vous contractez par les ruïnes que vous nous auez attirees sur noz maisons, noz Villes, noz Eglises, sur nostre Estat, *quia venient dies in te*, terribles heures, tristes iournees qui payeront les effets de voz mains sacrileges sur les personnes & les choses sacrees auec des marteaux frappans puissamment deschargez sur voz testes, gardez voz larmes pour ceste saison, *Satius enim est & suauius fonte purgari quam igne*. Le bain est plus supportable que le bucher : crachez Messieurs, crachez bien par les yeux, purgez vous bien de ceste mauuaise flegme d'infidelité cependant que vous auez le remede des larmes present, vaquez à ce soing, & que celuy de l'Estat ne vous tonge point ainsi le cœur, ne vous couure point les ioües de vostre belle assemblee de larmes, nous vous en ferons des aduis quant il en sera temps, nous les iugerons bonnes cependant la retraitte, & bras dessus, bras dessou embrassez vous, & donnez vous le baiser de paix, & dites vous l'adieu iusqu'au reuoir de ce iour là. Iour heureux & d'autant plus heureux que plus il sera differé.

Et affin que vous soyez mieux persuadez à proffiter mes bons aduis qu'Henry le grand auoit eu vn si particulier soing de vous oster tout sujét de larmes, qu'il n'a rien laissé à faire de ce qui s'est peu à l'affermissemẽt de son Estat, & à la conseruation des grandeurs & des Majestez de son successeur.

Ses vertus Royalles assemblees en conseil

entreprindrent dés les premieres annees apres son coronement la fabrique d'vn glorieux Louure de Paix, mirent en besoigne son espee & sa valeur pour en tailler les pierres, sa prudence pour les disposer & arranger, sa puissance redoutee y mit le cyment au dedans, & au dehors la croyance qu'il s'aquit sur les esprits de ses sujets, assit le fondement, l'esperance d'vn siecle d'Or; Pendant son regne en esleua la muraille sa clemence, & son amour enuers ses peuples, enuers lesquels il traittoit comme Pere; Posa le couuert son mesnage & son espargne, pourueurent au meublement, & à l'ornement. Ceste architecture si promptement & heureusement esleuee, acheuee, ornee: donna de l'affection de venir voir, & admirer aux amateurs des choses belles, & dignes d'estre veües. Le Ciel nous enleuant HENRY, l'Autheur de c'est ouurage, qui donnoit à admirer au domestique & à l'estranger, eust esgard à nostre perte; supposa en son lieu sa viue Image Louys le Iuste, qui dés le berceau de sa minorité commença de donner sur les premieres testes du serpent de discorde, qui desia se figuroit que l'Hercule dompteur de monstres nous ayant failly, il eschangeroit aysement son venin dans le cœur, & dans le corps de l'Estat: C'est hydre prodige, desia preparoit dans les replis & l'escaille de sa malice les coups de son esguillon mortifere, qui eussent bien tost porté le corps de la France aux aboys & au tombeau, si Louys le Iuste n'eust eu herité de ſes Royaumes d'Henry le grand, herite de ſa Maſſuë, d'où par l'aduis des bons Medecins il a tiré des bons remedes propres a la ſanté de ce corps dont c'eſt le digne chef. Et tout celà ſans l'aide de voz larmes ny de voſtre ſang, au moins l'hiſtoire n'en dit mot, entre vous & les Hiſtoriens le debat, à eux le tort, s'ils ont & tiennent geſné & oppreſſé la verité, & à vous ſi vous alleguez faux Nous apprenons de leurs memoires que telle fois voſtre ſang s'eſt retiré au cœur quant il falloit tenir & le porter pour le bien de la partie ſur le bout des doigts, teſmoin Amiens où voſtre ſang manqua pour ceſte fois aux lauriers d'Henry le grand, & peu s'en fallut qu'à ce coup la France ne vous creuſt auec la liuree rouge ſur le cœur au lieu d'epitheme, & que vous n'euſſiez du deſſein de jetter l'inquiſition dans Geneue, & la faire receuoir en France. A peyne puis-ie croire que les piſtolles d'Eſpagne euſſent treuué vn guichet pour entrer dans voz places de conſerue: car chaſcun ſçait que vous n'aymez pas les croix qui viennent de là, voyla que c'eſt de biē ſeruir ſa patrie au beſoing. Vn grand courtois Royaume comme la France nourrit touſiours quelque eſprit reconnoiſſant, qui ſçait expoſer aux yeux du public en boſſe où en platte peinture les bienfaits & ſeruices rendus comme les voſtres pendant le ſiege d'Amiens en ce iour critic, où la France malade d'vne fieure chaude guerit par vn benefice de nature, qui fit vuider l'humeur ennemye qui la caufoit : Et bien grand mercy aux Medecins qui fe treuuerent à la confulte & furẽt prefens pour voir comme la nature aydee de l'art operoit par fueurs & benefices de ventre qui firent quitter la ville & la campagne à fes humeurs peccantes venues de Caftille : Et bien eftonnez que vous fuftes de voir que Louys fe paffoit defia de vous, & que la France auoit affés de fang pour en donner aux belles occafions, & pour monftrer plus de rougeur au vifage, au bout des doigts que l'Efpagnol n'en faifoit voir en fes leures. Qu'il y auoit affés de charitables larmes fans les voftres, pour nous attirer le fecours du Ciel, & à noz aduerfaires la terreur.

Cependant Meffieurs, nous deuons quelque chofe à voz peines, à voz fueurs, à voftre fang, cõme Hercule aux forces Danthee, qu'il eftouffa au venin de l'hydre qu'il abbatit aux dents du Lyon qui defpeffa, & pource que l'eftime de fa valeur fe prit de là, Ainfi noftre vigilance du bruit de voz trompettes, noftre lumiere de l'Eclipfe de tant de Soleil d'hommes, fublime la reftauration de noz lieux facrez, & de la ruïne que vous y auez caufé, la naiffance d'vn million d'eftoilles de plufieurs autres tombees du firmament de la Foy, & de l'Eglife, chiens, brebis, & berger, tout dormoit : voz alarmements nous ont fait porter la main au ratelier, nous ont fait courir du lict à la muraille en eftat de vous voir, & de vous brauement receuoir : Vous nous auez feruy à quelque chofe fans y penfer, nous deuons cela à voz pechez, rien à voz volontez. Le sang que vous auez espandu à peu estre la semence de celuy que despuis nous auons aquis pour vn perdu cent recouuert. *O fœlix culpa*, Cela ne s'est pas fait sans que Dieu y ayt ordonné, ceux qui vous ressemblent ne vont pas sans fruict, c'est *vt corrigantur aut per illos boni exerceantur*, & croyez que la parole de S. Paul, disant, *oportet hæreses esse*, ne sera pas contee entre les paroles infructueuses que le Iugement de Dieu doit examiner, puis que le crachat de ces sortes de nuees sert à l'abondance de nostre terre, comme les oignons plantez au pied du rosier à multiplier la senteur des roses, le pied & la fiante de ces bestes dans le champ de l'Eglise sont comme des trouppeaux que l'on iette dans la terre, qui doit porter plantureusement l'annee suyuante. Ainsi nous deuons noz maux à la malice de voz volontez, noz biens à la bonté de celle de Dieu comme cause, à la malice de voz erreurs & de voz pechez, comme à leur occasion: ne gemissez plus en l'attēte des fruits que vous auez voulu esperer de la nature feconde du sang de voz Peres, ny de celuy de voz yeux, ceux que nous auançons sont assés hauts pour vostre ambition, & il vous sied aussi peu d'assujettir les lauriers d'Henry le grand au sang ambitieux de voz Peres; aux larmes prescriptueuses de voz yeux, comme d'abbatre les coronnes & les sceptres aux pieds & à la mercy de voz consistoires, les tyares & les mytres à la disposition de noz discoles & de voz escoles, de voz Graduez & de noz desgradez, noz lys aux horties qui couurent leur froc de ces perenez, & leur front iusques au iour imaginé de vostre tant attendue, & pretendue, & anticrestienne liberté, qui vous doit faire voir vn chuist de velours tout doré & piaffant, dignes esperance de vostre caballe Turcojudaïsante.

Forme de mentir a droite & à gauche affirmatiuement, & negatiuement emanee de l'assemblee de Loudun.

VOus faites suyure le merite de vostre sang & de vos larmes, par celuy de vostre obeissance pretenduë, comme vostre reforme auec tout le reste de voz autres vertus, quant vous dittes ce qui suit. *Voz Edits* SIRE, *ont assés d'authorité pour nous contenir en noz tres-humbles deuoirs, & non assés de bon-heur pour nous maintenir en seureté.* Deux voyes pour bien dissimuler & mentir, l'vne de ceux qui veulent faire croire ce qui n'est pas, & c'est ce que vous faites, quant vous dites voz Edits SIRE, &c. L'autre de desauoüer & affermer n'estre pas ce qui est, comme quant vous dites voz Edits non pas, &c. *Dites mieux, voz Edits* SIRE, *voz Edits n'ont pas assés d'authorité pour nous contenir en noz tres humbles deuoirs,*

deuoirs, mais ils ont assés de bon heur pour nous maintenir en seureté. O! les gens de bien, à toutes les fois qu'ils desgainent leurs espees; il en doit sortir vn pot de lait, tant ils sont humains, iamais ils ne s'assemblét que la France n'en proffite d'vn rayon de miel, digne fait d'vn tel essaim d'abeilles, & qui n'est iamais sans Cire pour brusler, ny sans esguillō pour piquer. Tout beau messieurs, vous vous auancez trop, & nous offencez trop, vous donnez trop à vostre pretendue obeissance, trop peu à la modestie des Catholiques: deux theses messieurs, touttes deux esgallement fausses, la premiere qui nous veut faire croire que les Edits de noz Roys ont par tout assés d'authorité pour vous contenir en voz deuoirs, l'est, où il ny en à point au monde de fausseté, plus nous sert ce que nous en voyons, & ce que vous en croyez auec nous, que ce que nous en disons, & escrire ce qui s'en sçait, c'est recourrir aux redites, des moins sçauans de l'histoire en penseront facilement ce que i'en pourrois mettre sur le papier, & par delà, Dieu sçait si ce que vous vous attribuez par ceste proposition peut conuenir à l'heresie & à l'heretique, *omni soli & semper,* souffrez donc messieurs, d'estre comme ce que vous estes en effet, & n'imposez pas aux Catholiques ce dequoy vous les croyez innocens, & ne les publiez pas ainsi peu retenus. Vous querellez, & à rompre les voyes, & à enfraindre les loix de vostre seureté: est quant ils entreprēdroient en tout cas, le mesme

Edit qui vous à peu affermir en la certitude du salut Spirituel, vous en aquerra au temporel, & si nous sommes ce que vous nous publiez loups auides à la proye, vous ce que vous vous imaginez douces & humaines brebis, bestes du petit trouppeau. Il ny à rien à craindre pour vous, car l'Euangile a transferé aux loups la naturelle creinte des brebis, & aux brebis des trouppeaux la naturelle force des loups, *etiam si mille circumistent lupi superamus & vincimus, quod si lupi fuerimus vincimur; tunc enim à nobis pastoris auxilium recedit qui non lupos sed oues pascit*, de sorte qu'vne brebis espouuantera mille loups, & de son regard abbatra leur fureur: c'est à nous à craindre si nous sommes loups, veu qu'il ne nous reste rien à esperer de l'aide du berger, qui ne s'est pas chargé du soing des loups, mais de celuy des brebis. *Nolite igitur timere pusillus grex.*

Silence donc messieurs s'il vous plaist, si vous estes brebis qui ne disent mot en leur propre cause, cessez ces pleintes, monstrez nous les copies de vostre souffrance prises sur l'original de la souffrance de l'agneau, exemplaire *qui cum malediceretur non comminabatur*, & que l'on ne vous sçache plus l'estomac aigre à la senteur du vinaigre, que l'on ne vous voye plus aux esternuements, au souuenir, voire au seul nom de l'Elebore, plus plus chiens criars au leué de la pierre, autrement vostre poupee à vostre nom, ne pourra pas dire,

Ie suis à l'agneau comparable;

Destiné pour sacrifier,
Qui dedans sa gorge incoulpable
Recoit le cousteau sans crier.

Que vous aurez peine d'y venir, l'art peut imiter la nature : mais elle ne la peut, ny esgaler, ny approcher, *simia semper simia*, vn loup domestique est vn loup, les effets nous menent à la connoissance de leurs causes, voz crieries, voz pleintes importunes, & voz manifestes calomnies, ne sentent rien de la brebis, elles tirent plustost à l'humeur du renard, du lyon, & du loup : selon la difference des temps, du pouuoir, & du nô pouuoir, renards en finesse, loups par auidité à tousjours demander, & à tousiours paroistre insatiables, où si vous voulez plus proprement, *leones propter impetum, dracones propter insidias*, & en qualité de tels vous auriez plustost fait d'auoüer ce que vous estes, & ce que vous faites, en disant SIRE, *voz Edits ont asses de bon-heur pour nous maintenir en seureté, mais ils n'ont pas par tout asses d'authorité pour nous contenir en noz devoirs.*

Ie vous iuge fort nuds, fort neufs & fort naifs aux mots de passion estrangere, pour signifier par vn mot odieux nostre iuste zele à la religion de noz premiers Roys, & de noz premiers Peres: l'Onction & les Lys, l'affermissement de la Religion & de l'Estat se suyuent de prés, Chez nous la Religion & le Sceptre vont ensemble, c'est vn mariage inseparable fait au Ciel: l'humaine audace n'en doit ny entreprêdre, ny penser la dissolution; *quod Deus coniunxit homo non separet*. Impreuuer ceste sacree alliance, ne peut prendre sa cause que dans vne passion estrangere, telle que peut estre la vostre, venuë du fond, & des extremitez du Septentrion, *à quo pandetur omne malum*, qui nous voudroit arracher apres l'essentiel l'accessoire. Ialouse qu'elle est des honneurs que noz Majestez ont de Roys des François, & de tres-Chrestiens. Braues François, vous ne deuriez pas vous treuuer cõplices de ce crime, & à la face de vostre Roy, calomnier la barbe chenuë de ces Lys, & l'antiquité de ses titres de tres-Chrestien, & du Fils aysné de l'Eglise. A bas, à bas, Messieurs les deputez, à genoux, à vostre deuoir, faites la reuerence à la blanche & ancienne barbe de noz Lys miraculeux (cõme S. Amb. disoit du ieusne) *reuerere liliorum nostrorum canitiem*. Et n'appellez plus passion estrangere le zele que nous auons à nous conseruer, la cause de leur naissance & de leurs progres qui est la Religion Catholique, à procurer que leur continuation file, s'il se peut, aussi longuement que le monde se doit continuer. Le grand Seigneur ne voudroit autre reconnoissance d'vn puissant secours rendu aux mutins d'Allemagne, que le present de noz Lys pour l'attacher au bouquet de ses iniustes conquestes. Il sçait combien leur perpetuité luy est fatalle & à son Empire, & combien redoutable paroistra vn iour nostre estēdard sur les murs de sa Constantinople, & que son croissant honteux de se voir à son declin Eclipsera à la veuë de noz

Croix & noz Lys, fors rayonnans de gloire & de victoire.

Ceste paillarde poupee, se peut enjoliuer & attiffer, ces traits & ses attraits ne feront iamais adulterer noz Lys, leur mariage auec la Religion est si estroit, qu'en despit de tous les ennemis importuns, il demeurera tousiours soymesme : nostre Sceptre ne peut point tomber en vne main femelle, moins en vne main infidelle: Ces Lys venus d'enhaut, ceste Onction sacree, l'vn & l'autre miraculeux nous affermissent en ceste croyance, & leur antiquité repousse brauement l'ignorãce où l'insolence de vostre passion estrangere (choisissez) les plus dignes offices, & plus proches de la personne de nostre souuerain, les vns annexez aux charges Ecclesiastiques, les autres affectez à des personnes Catholiques, font voir que vous y procedez de mauuaise foy, & qu'en conscience vous sçauez que la Catholique Religion à droit de prescription chez nous, par la suite non interrompue de plusieurs Siecles escoulez, & qu'en fin le zele à l'estat est inseparable d'auec celuy de la religion. *Noli igitur velle mentiri omne mendacium, assiduitas enim illius non est bona.*

Ceux de l'assemblee de Loudun deuenus tailleurs, bons ou mauuais à coudre où à descoudre.

DVBIVM VNICVM.

VOstre zele feint où reel, nous fait sçauoir de vostre escrit, que de mauuais *tailleurs vont descousant les pieces de l'Estat.* Qui sont-ils? nommez les, affin que nous leurs arrachions des mains la robe qu'ils deschirent, & le cousteau qui sert à ceste diuision; mauuais tailleurs peuuent estre ceux qui d'authorité priuée exigent sur les peuples: plus mauuais ceux de qui les espees ne couppent que pour opiniastrer la deffence d'vne mauuaise cause en despit de Dieu, de son Roy, & de sa patrie, *quia miscent recta peruersis, vt ostendendo bona, ad se auditores pertrahant & exhibendo mala latenti peste corrumpant*, bien mal fait que l'on ne vous ayt refié la piece, vous en auriez fait des beaux lambeaux, l'on auroit tantost veu piece deçà, piece delà, & chascun sa piece à la main, & Dieu sçait si les Tailleurs se seroient oubliez, il ne seroit pas à souhaiter que les pieces ne tinssent qu'à de la soye où du fillet, les Cousteliers de Tholoze, de Thiers, de Moulins, demeureroient hauts & puissans Seigneurs: car chascun se voudroit tenir saisy d'vne paire de ciseaux, moins & croy ie plustost pour coupper que pour descoudre: car comme Maistres Tailleurs, le temps vous est plus pretieux que le fillet.

Maistres Tailleurs, ouy, i'ay bien dit, & iurez si l'on le peut estre pour entendre à descoudre, & si les inexecutions, contrauentions, & sinistres interpretatiõs sont des ciseaux; ces ciseaux vous connoissent, vous y pippez, vous en sçauez faire des chefs d'œuure, & n'estoit que la France pi-

 152

toyable Mere, vous tolere & pardonne tout, ie vous dirois chut, cõme ce Sage à des vauneans, qui pendant vne tempeste leuoient leurs mains, leurs vœux & leurs voix au Ciel, *filete miseri, ne vos hic dij esse sentiant.*

Siege de Loudun, où de l'assemblee veu en songe par leurs deputez, leurs vies, biens, honneurs & religion au peril de se voir perdu.

MAuuais ciseaux qui font tant de degasts, *Que si vostre Majesté ne verse sur ceste partie de ses sujets le bon-heur de sa* Royalle *Justice, nous ne pouuons que preuoir sur nous l'oppression ja conceue par noz aduersaires, & trop souuent ressentie en ce que nous auons de plus cher;* Ainsi parlent ces Messieurs au Roy, & luy remonstrent pour eux noz iustes sujets de pleintes. Ne vous ay-ie pas dit que la seulle senteur du vinaigre vous aigrit l'estomac, & que la Pensee, & le nom de l'Elebore vous causent l'esternuement, voz maux sont cõme vostre croyance, tout par pretension, & par opinion: vous auez desia leu le nombre de voz morts dans l'imagination des Catholiques, combien d'onces de sang l'on vous tirera à la premiere seignee, cõbien de dragmes de Rheubarbe à mettre en infusion pour purger le corps de la Frãce des humeurs peccantes de diuerses erreurs qui

iup

la menacent d'vne fieure chaude & mortelle. La calamité penchante sur voz testes, l'oppression imminente, conceuë, attenduë, non encore veuë, ny apperceuë : pressentie non encore sentie despuis les Edits publiez, & tous ces colosses & chasteaux d'Espaigne imaginaires, fondez sur l'opinion mauuaise, que de gayeté de cœur vous voulez prendre de nous voz freres & vostre chair, que vous nommez par colere voz aduersaires. Nous ne les pouuons estre qu'en voz imaginatiõs, *blessees*, les Edits de Pacificatiõ nous ont rendus amys, la volonté du Prince à negotié la reconciliation, d'oresnauant la rupture ne se peut faire de vous à nous, ny de nous à vous : elle doit tomber sur le premier autheur de la mutinerie, ne commencez pas & tout ira bien, que si auant noz paix les Villes se sont veües esmeües, s'il y a eu de l'eschec, qui a commencé le bransle ? qui à minuté le cartel de deffi ? qui à eu la main plus prette à se saisir de la garde de l'espee ? Pourquoy nous auez vous troublé dans la paisible possession du champ ? Il ny à point de loix qui deffendent de repousser l'iniustice de l'vsurpateur, & de celuy qui trouble le voysin.

La Religion ce dites vous, la vie l'honneur, les biens nous sont debatus, ostez, flestris, emportez, comme à personnes indignes de vostre protection, incapables de toutes fonctions publiques, forcloses de tous benefices que les loix du Royaume despartent à voz sujets : Quatre substantifs, & autant d'adjectifs auec leur reprise qui

qui manque d'vn pied, & marche à trois en beste chassee & blessee, ou en Rhetorique hazardeuse, bonne pour amuser les Dames du presche, qui ne regardent le Ministre qu'aux yeux sans s'amuser aux pieds, ny s'enquerir à combien de points il se chausse. Releuons vn peu cest attriste periode, digne de l'inquisition d'Espagne, la nostre la desia cõdamnée en premiere instance, elle demeurera en liberté d'en appeller au premier Concile, là, où de demander son recours à Rome.

La Religion debatuë, premiere piece de nostre sac: bien mal fait que nous ne vous mettions en toutte liberté, de preseurer l'auoyne à voz cheuaux sur noz Autels, que nous ne consignons entre voz mains ce qui nous reste de leurs plus pretieux ornemens, pour courir, & parer les belles chairs & salles hontes de voz femmes: que nous ne faisons fondre noz Calices, noz Reliquaires, pour les changer en pistolles, & vous donner moyen d'aller voir à combien de points l'on se chausse en Boheme, & comme le Palatin à auancé ses conquestes.

Que ne demandez vous, que Messieurs de nostre Dame de Paris cessent la Psalmodie pour faire place à l'assemblee de Loudun quant elle passera, pour venir châter le *Tedeum*, & l'action de graces de vostre obeissance renduë au Roy, & des conclusions auantageuses pour l'acheminement de son seruice. L'on les vous garde, approchez vous en, & mettez y seulement les

G

doigts, & si vous ne les portez plustost à la bouche qu'au talon, ou au C, que ie ne soy plus creû : vous ferez sagement d'occuper voz loisirs à quelque chose plus vtile. Vn Satyre s'approchoit trop pres du feu, qu'il ne connoissoit pas, & quelqu'vn luy dit par aduis, retire toy bouquin, tu te brusleras. L'Almanach des Bergers que i'entens, dit qu'il ne sera pas bon se jouer auec le Lyon pédant que Bacchus & Mars font leurs affaires : du costé de la petite ourse, *parlas & non toucas*, l'on escoute voz remonstrances par compliment, si par fois l'on s'en excuse, la multitude des affaires en doit estre accusee, & non l'affection du Prince. Ce que vous dites est accueilly, mais l'on ne le m'et pas pour cela entre les veritez Canoniques : l'on remet au Conseil pour en voir la pleinte que vous formez, que l'on vous disputi la Religion est naifue, & merite bien que ie vous responde sur le champ, au nom de tous les bons Catholiques, *opto apud deum, & in modico, & in magno non tantum te sed etiam omnes qui audiunt hodie fieri tales qualis & ego sum.* Mesme Eglise, mesme Communion, mesme Baptesme, mesme Foy, mesme Table, mesme Couuent, mesme traittement, mesmes honneurs, nous n'auons point de plus haut exemple à l'amour du prochain, que celuy de nous mesmes.

Voyla noz veritables affections, au bien, & à la vie de voz ames, qui nous font auoüer, que voudrions sçauoir de meilleurs moyens, non seulement pour debattre, mais pour abbatre vostre pretenduë religion, & tirer voz personnes du manifeste peril où elle les porte miserablement: bien esloignez que nous sommes de nous preparer la fosse à vostre premiere perte: mais vostre passion qui ferme la porte à la raison & à la verité, vous fait dire apres la Religion debatuë, *la vie ostee.*

Premiere Imposture.

La vie ostee, vous dittes ce que peut estre pensez vous meriter (puis que *malus ne dignus est pane quo vescitur*) mais ce n'est pas ce que nous pensons, ny ce que nous meditons. Si la rigueur de la Loy, qui decerne à la faulseté de l'accusation, & à la malice à l'accusant, la peyne qu'auroit deu porter l'accusé apres auoir esté conuaincu: les vies de tous les Deputez de vostre assemblee ne suffiroient pas pour payer l'iniustice de ceste calomnie, qui offence tout autant de bons Catholiques que la France en nourrit? Et qui a attenté sur voz vies d'authorité priuee, qui n'ait senti le fouet vegeur à sa queuë? Et quant est-ce que d'authorité publique l'on a procedé contre vous, que les mouuemens n'en ayent esté plus que pressans? Et où a-on veu les patibulaires plians souz les corps pendans de voz freres martyrisez? Les rouës empeschees sur les chemins pour les exposer nuds, rompus, & estendus? L'on vous met sur les voyes de preuuer ce que vous auancez, auec offre de vous y faire droit, & l'on laisse à voz consciences le iugement de ce que vous nous deuez de restitution apres vne si puante calomnie: Vous adioustez apres *la vie ostee, l'honneur flestri.*

Seconde Imposture.

Est-ce faute d'eauë, la France à tant de belles Riuieres, où si c'est que l'arbre de vostre reforme sentant son Automne & son Hyuer proche, ses feuilles d'honneur destituees de vie, & touttes flestries comencent de se disposer à leur cheute. Vostre honneur flestry (Messieurs,) il en faut auoir pour en perdre, & en beaucoup auoir pour en perdre beaucoup: le Chrestien n'en doit auoir que celuy qui se tire de la Croix, mesmes le reformé où ces premieres reformes, qui ayãt les pieds attachez au posteau auec des cloux tres aigus, exposez à la honte du mõde, crioyent comme tous transportez d'aise, non, iamais nous n'auons estez festoyez auec tant d'hõneur, leurs corps gehennez, tirassez, terrassez, desmembrez, & deschirez, leurs nerfs seichez & roidis, leurs membres fricassez & fracassez, liez, tirez, gesnez: les a-on iamais ouy plaindre, dire, l'on me condamne & tourmente à tort, enclumes à l'espreuue, que le marteau n'esbranle point.

Bandez vous contre moy, que tout me soit contraire,
Tous noz effort sont vains, & que pouuez vous faire.

Le nom de vostre reforme vous attireroit dans

l'obligation de ce parfait mespris, & vous feroit taire ce mot, *nostre honneur flestry*, si vous auiez quelque honneur à attendre au Ciel, ou à conseruer dans la terre: mais nous vous laissons libres en ces apanages de vostre liberté; c'est assés que nous vous fassions auoüer qu'à tort vous nous accusez, s'il manque quelque chose à voz honneurs, voz moities dans les Chambres mi-parties, voz accés libres dans les Parlemẽs, dans la maison du Roy, voz charges dans les armees, voz commandemens dans les meilleures & plus importantes places du Royaume vous crient tout haut, *dites mieux*.

Troiziesme Imposture.

Noz biens emportez, comme à personnes indignes de vostre protection, incapables de toutes fonctions publiques, forcloses de tous benefices que les loix du Royaume despartent à vos sujets. Vous allez de mal en pis, vous tõbez de la fieure au mal chaud qui vous porte à la resuerie, & vous fait penser que ce que vous tenez vous est enleué, *Noz biens emportez*, &c. A cheual Abraham, à cheual, auec noz trois cens trante Carrabins, courez moy sus à ses voleurs qui ont saccagé Sodome, & enleue Loth vostre bon parent.

A cheual SIRE, à cheual, pour aller apres ces remuans Catholiques, qui se sont saisis des Dismes, & autres reuenus affectez aux Eglises pretendues reformees du Bear, contreignez voz subjets à l'obseruation de voz Edits ; puis que Messieurs les deputez forment plainte de l'injuste vsurpation, Faites leur Iustice, SIRE.

Vous voyla bien esloignez Messieurs les deputez, de restituer le passé, puis que vous n'estes pas mesmes disposez à lascher le principal, & que vous appellez vostre ce dont vous n'estes que les depositaires : quel exemple laissez vous à voz enfans, qui verront que vous preschez vn Euangile, & vous en suyuez vn autre, que vous louez la braue franchise de l'Apostre, à se faire quitte de tout volontairement pour courir plus gayement,& auec moins d'obstacles la carrieres de salut, & que vous voulez posseder tout *per fas & nefas*, prendre par tout & retenir tout, comme l'enfer qui ne rend rien. L'œil de Dieu penetrant & aigu, descouurira la noirceur de voz menees, mettra tout en euidence, la seront veuz noz biens emportez, noz calices brisez, les ornemens de noz Eglises enleuez, frippez, dissippez, changez en mauuais vsage, prophanez ; Et qui (ô horreur) apres auoir seruy à honorer les sainctes Reliques, ont estez employez à courir le vilain & salle mesnage de voz Peres, & puis nous vous deuons de reste, Ah ! nourriture de Gascongne, & de la plus fine, enfans de Mere, qui reiettez le soing du lendemain, par-ce que si Dieu n'y veut pouruoir au second iour, vous auez l'esprit pour y pouruoir au troisiesme. O le bon plan à qui toutte terre est bonne, & qui à vn besoing en prendroit sur le marbre d'vn Autel.

[illegible]
[illegible] vn des deputez de l'assemblee de Loudun, lors ne se sçauoit allés friand pour tromper le diable au sortir du lict, en s'acheminant auant qu'ouyr la Messe.

Il s'essaye de poursuyure vne longue eschelle de noz pretendus vices, pour conclure à noz desirez supplices. Le sacrilege fait la premiere marche par les torts imaginez receus de nous, & par nous és choses de la Religion, Il met à la deusiesme leurs vies ostees, & noz mains souillees de leur sang; A la troisiesme le tort fait à leur honneur flestri, l'enleuement de leur biens; A la quatriesme, en sorte qu'il ne reste plus que les reliques de plusieurs corps sains, & nô saincts assemblez où retournez de Loudun, qui ne se porterent iamais mieux, & qui à cause de la bonne chere qui leurs ont faits, leurs hostes n'attédent que la sepulture d'vn lit apres souppes, & passent ainsi doucement vn iour apres l'autre, aux despens de la bource commune. Ainsi mis en toute liberté aux exercices de la Religion, pleins de vie, d'honneurs & de biens, ils se mettent en queste de l'asne qu'ils montent. He Messieurs, *lupus satur non est lupus, neque enim per medium agmen incedens insidias molitur.* Pleins que vous estes de tous biens, voudrez vous paroistre pires que loups, ne sera-ce iamais fait à pleindre, & à demander : l'on nous *dira* [illegible] *&* [illegible], & l'on croira auec Adrian l'Empereur, que pour le benefice & l'embonpoint de la ratte, il faudra amaigrir le corps qui ne se contente de ce qu'il à, pour souuent ce qu'il tient : Et pour le cinquiesme, & pretendu eschelle de noz crimes, le tesmoing domestique de leur conscience, vous doit reprocher iustement les crimes qu'à tort vous nous imposez,

Nocte dieque suum gestant in pectore testem.

Ils aprehendent & auec subjet, que le Ciel ne leur tombe dessus, que le Soleil ne se cache d'eux, & ne les veuille plus esclairer que les Elemens, ne les veuillent descharger du soing de les nourrir, que la Terre ne les puisse plus souffrir non plus que le serpent apres qu'il a blessé l'homme, & qu'en fin les Estoilles n'arment contre eux: La vengeance Diuine amene chasque chose à point, & par des secrets ressorts conduit le meschant, & la malice à la peyne meritee, qui pour estre differee n'est pas pardonnee. Messieurs, voz ruses, & subtilitez à vous tenir à couuert des yeux des hommes, ne sont pas receuables deuant le tribunal de Dieu, ny deuant celuy de vostre conscience, elles ne font que vous rendre plus ridicules. Que ces grands animaux, rapportez par Pline, qui se croyent asses cachez s'ils peuuent tenir la teste souz la feuille, quoy qu'ils traisnent des corps d'vne monstrueuse grandeur, Et ie crains que l'eschelle, & le patibulaire que vous nous preparez, ne serue en fin en fin à voz suplices, comme celuy de Mardochee à Aman, prenez y garde, & poursuiuez la fabrique à la bonne heure, pendant qu'au nom des Catholiques i'en poursuiuray l'examen. Vous mettez à la cinquiesme marche de vostre eschelle l'iniure faite au Roy, & à la siziesme l'offence, & le dommage attiré sur l'Estat: voz affections à ce sujet sont loüables, autant quelles sont veritabless: nostre courroux, & nostre zele desgainé pour la deffence des choses dont la conseruation nous importe si fort, fait à la raison comme le chien au veneur, ainsi le zele de IESVS ordonne que Acham meure, & soit exterminé pour auoir causé du trouble à l'Estat, & Dauid fait tuer en sa presence l'Amalecyte, qui auoit osé entreprendre sur la personne de l'oingt du Seigneur, du Roy.

Les sages, & les folles coleres, sont distinguees comme les mains de Iacob d'auec celles d'Esaü, celles cy qui ont le poil nay auec la chair: celles de Iacob ne l'ont qu'appliqué, les vostres sont de la premiere sorte, & ont leurs causes dans le propre interest, quant vous dites au Roy, *les torts que l'on nous fait ont leur reflexion iusques à nous, & reiaillissent en fin sur l'Estat, duquel quant nous pourrions nous oublier, nous deuons estre ialoux pour le bien de nostre posterité.* Vous mettez l'interest du public auec le particulier, & monstrez de vouloir obliger le Prince à prendre à soy, & sur soy voz griefs imaginaires, & faire son propre de vostre interest pretendu, & pour l'y attirer, d'obliger le Roy ; vous y meslez finement son interest, & celuy de l'Estat, qui n'est pas vne petite ruse & subtilité, mais c'est vn meuble duquel vous ne vous dessaisissez iamais ; le boiteux chemineroit s'il auoit bonnes iambes, & l'oyseau voleroit si la plume ne luy mãquoit, vostre proposition auãceroit chemin si ell' auoit des pieds : mais le tort fait à l'Estat, & à noz personnes, qui fait le premier pied à la goutte, & le second pied qui est l'obligation du Prince à vous traitter en enfans, & à vous tenir lieu de Pere, à la podagre : preparez vn lict à vostre Poupee, & appellez les Medecins pour la voir, & les menestriers pour la faire danser par magination, qu'elle se pare la teste pour receuoir les visites, & qu'elle cache ses pieds souz le drap, affin que ce soit des filles de Geneue & de la Rochelle, que Dauid ayt chanté, *filiæ eorum compositæ circumornatæ vt similitudo templi* Voz petites ruses sont assés bonnes pour amuser les simples, les grues s'y engluent, les aigles s'en sçauent tenir de loing pour s'en rire tout à l'aise. Toutte raillerie mise à part, il faut vous dire que l'Estat de nostre France peut estre vn Ciel, le Roy son Soleil, Ciel & Soleil qui rayonnent sur tous, bons & mauuais Catholiques, & huguenots, Ciel & Soleil communs, & esgalement bons à touttes terres : mais toutte terre ne se tourne pas esgalement à eux, & ainsi ne tirent pas mesme benefice de leur clarté, *quosdam illuminant, vt gemmas, quosdam vt lateres*, d'vne piece de terre il l'en forme vn diamant, & d'vne autre vne brique: le Prince ressent noz maux, comme Pere, les venge, comme Roy, à nous aymer, comme enfans, à seruir & obeir comme sujets, à faute de cela, *oculum qui subsannat patrem suum, & despicit partum matris suæ effodiant eum corui.* Puissions nous voir tous les trouble-mesnage en estat, que les courbeaux les puissent approcher sans peur. C'est pour nous, si vous ne voulez mentir de gayeté de cœur, ce qui vous est assés ordinaire, si nous sommes ces perturbateurs, ces pescheurs en eaüe trouble, nous auõs fait tout le mal, & vous rien: Sus, sus, que l'on prepare les roües, les feux, les supplices, que la loy ordonne aux iniurieux à l'Estat, que l'on multiplie les patibulaires, que l'on abbatte à c'est effet les forests entieres, pour seruir à l'execution generalle, meritee par vn fait où tant de gens ont trempé, & qui à tant de complices. Catholiques, confessez vous; Eglise Gallicane, fay ton Testament, mets tout le bon ordre que tu pourras aux affaires du Clergé, dõnez voz ames à Dieu, Catholiques, voz corps à la voyrie, & souffrez patiemment voz biens confisquer au proffit de la bourse commune des huguenots, affin de leur laisser des moyens d'aller mener le siege deuant Rome, planter le petard aux portes de Madry, faire receuoir le Concile de trente en France, l'inquisition à Geneue, quant les Ministres seront deuenus Euesques, & les Consistoriaux, de cordonniers & cousturiers, hauts & puissans Seigneurs.

En deux mots, peu dire, beaucoup souffrir, c'est ma deuise : laissez m'en le nom, & prenez en l'effet, & asseurement il ne nous en prendra pas mal : le volontaire sent son ame Euangelique, & toutte Chrestienne ; que si encore vous ne vous voulez mouler à l'humeur endurante de IESVS-CHRIST, souuenez vous que le diable à ce que dit Tertulian, *suos etiam docuit patientiam*, que si vous n'estes de DIEV, ny du diable, il vous faudra pendre au col la sentence prononcee sur le serment separé de la Vigne, qui ne sert, ny à produire fruits, ny à faire cheuille, & reste seulement bon pour allumer le feu. Voyla vn fort bon aduis pour conclure, sçachez m'en gré, & prenez de là occasion de me croire,

Messieurs,

Vostre bon amy,
MONITOR,

TELAS ARANEÆ TEXVERVNT.

www.ingramcontent.com/pod-product-compliance
Ingram Content Group UK Ltd.
Pitfield, Milton Keynes, MK11 3LW, UK
UKHW020341220726
13923UKWH00004B/1519